AF340404

PRÉCIS HISTORIQUE

DE L'ÉCONOMIE RURALE

DES CHINOIS,

Présenté à l'Académie Royale des Sciences de Suède l'an. 1754., par M. Charles Gustave Eckeberg, Capitaine d'un vaisseau de la Compagnie Suédoise des Indes Orientales, publié par M. Linnaeus, & traduit du Suédois par M. Dominique de Blackford.

A MILAN. MDCCLXXI.

CHEZ LES FRERES REYCENDS
Libraires sous les Arcades de Figini.
Avec approbation.

AVERTISSEMENT

DU TRADUCTEUR.

LE petit ouvrage, dont on offre aujourd'hui la traduction au public, a paru à Stockholm l'an 1757. Il est entièrement nouveau dans son genre : on s'apperçoit aisément, que l'Auteur n'est pas un voyageur ordinaire, & qu'il a vu avec fruit. Il seroit à souhaiter cependant, qu'il eut donné des explications plus parfaites de quelques productions naturelles. Le Traducteur qui est étranger, n'a eu d'autre but, que de rendre fidèlement son original & d'être intelligible.

PRÉCIS HISTORIQUE

DE L'ÉCONOMIE RURALE

DES CHINOIS.

IL n'y a peut-être point de peuple, qui puiſſe ſe vanter d'être aſſès riche en productions naturelles & de les poſſéder dans une variété aſſès grande, pour pouvoir ſe paſſer entièrement des productions étrangères. C'eſt cette défectuoſité, qui paroit être le lien général qui unit enſemble les ſociétés civiles : mais la nature ſemble avoir ſuivi une règle différente à l'égard de la Chine ; elle peut ſe ſuffire à elle même.

Ce païs eſt ſi heureuſement ſitué, que les habitans de la partie ſeptentrionale ſe plaignent auſſi peu du grand froid, que ceux qui habitent la partie méridionale, ſe plaignent d'une trop grande chaleur. Le climat des païs intermédiaires eſt doux, égal & il eſt par conſéquent agréable pour la vie, commode à la ſanté & propre à produire toute ſorte de plantes.

Les vents aliſés, qui ſont propres à la partie méridionale & chaude apportent avec eux de grands avantages à ce climat, le vent du nord purifie l'air, diſſipant toutes les vapeurs pernicieufes, que la chaleur élève fur l'atmofphère, & le vent du fud tempère l'éffervefcence de la faifon chaude.

La plus grande partie des frontières de la Chine eft mouillée par de vaftes mers, qui de diftance en diftance forment des golphes, où l'on eft entièrement à l'abri de tempêtes. Comme la nature femble avoir borné ici la navigation, elle lui a ouvert des nouveaux chemins par des rivières & des fleuves navigables qui fe répandent dans l'intérieur du païs.

Le flux & le reflux de l'eau, qui s'étend fort avant dans le païs & cinq milles Suedois au delà de la ville de Canton, facilite la navigation, & fait que les différentes contrées peuvent fe communiquer mutuellement leurs productions ; ce qui augmente le commerce & la confommation générale.

Le fol eft fi fertile, que quelque mauvais que puiffent être les marais & les hauteurs, ils récompenfent cependant abondamment le travail des laboureurs ; car le bled, les fruits de la terre & des arbres, qui mûriffent ici parfaitement & dans une variété infinie, s'éfforcent, pour ainfi dire, à l'envi de combler leurs cultivateurs de conftantes moiffons.

Les grandes & vaftes forêts fourniffent, outre une quantité immenfe de bois de charpente & d'autres bois propres à bien des ufages, plufieurs efpèces de bois fins & précieux, des fucs utiles, des gommes, des écorces & des feuilles. Ces forêts font d'ailleurs habitées par un grand nombre de bêtes fauvages qui fervent à la nourriture & à l'habillement. Des métaux, différentes efpèces de pierre & de terre, des fels, du fable d'or, des perles, du corail, quoiqu'il ne foit pas de la meilleure qualité & une infinité d'efpèces de poiffons que le rivage frais & falé attire en quantité, font voir que la nature ne les a pas traité en marâtre non plus de ce côtè là. La volaille, qu'on trouve ici partout en troupes fort nombreufes, flatte la vue, les oreilles & le gout. En un mot le regne de la nature eft dans la plus grande perfection à la Chine : elle offre les perfpectives les plus magnifiques, des fituations & des commodités de toute efpèce, aux quelles ni l'invention ni l'art ne pourroit rien ajouter ; & fi l'on excepte le fuperflu, dont on peut fe paffer, toutes les chofes néceffaires à la nourriture & à l'habillement, fans qu'on ait befoin, d'avoir recours à l'étranger.

Comme le bien être d'un païs dépend principalement du bon ordre & de l'induftrie de fes habitans, on peut dire que la Chine jouit particulièrement de ces avantages. Tous ceux qui ont fait des defcriptions de ce païs ont remarqué l'induftrie des Chinois & leur dextérité pour toutes fortes de métiers, & nous en voyons des preuves par les différentes marchandifes, que nos vaiffeaux y vont chercher. Leur païs produit en quantité fuffifante les matières crues.

Je me fuis propofé, pour prouver l'induftrie fingulière des Chinois, de raconter ici brièvement ce que j'ai obfervé pendant un féjour de quinze mois que j'y ai fait en trois fois différentes, touchant quelques détails de leur économie ordinaire & habituelle.

De l'Agriculture.

DAns les parties méridionales de la Chine, qui font fituées fur la mer, le ris, efpèce de bled, qui profpère le mieux dans un fol bas & humide, eft comme prefque chés tous les orientaux la principale nourriture. Il eft des efpèces de ris, qui profpèrent dans un fol fec & haut, comme l'on voit par ci par là dans l'isle de Java, & d'autres terres hautes. Les provinces Chinoifes qui ont un fol fec & inégal, fe fervent de ce ris: mais en *Quantung* ou dans les provinces méridionales qui font baffes, on le femeroit avec perte, parceque fon grain eft petit, qu'il demande le double du tems pour mûrir, au lieu que le grain de l'autre ris eft plus gros, qu'il croît mieux & plus vîte, & qu'il peut toujours être fous l'eau, fans être endommagé. De cette efpèce il y en a une forte inférieure, qui eft rougeâtre &

dont les gens du commun se servent. on s'en sert aussi, pour en faire une eau de vie qu'ils appellent *Samsou*.

On m'a dit qu'à mesure qu'on avançoit dans la Chine, du midi au septentrion, la culture du ris diminuoit, & qu'on cultivoit à proportion plus de seigle, d'orge, de froment, de fèves, de pois &c. & que dans les provinces les plus septentrionales, où le ris ne prend pas du tout, on entendoit parfaitement bien la culture du blé.

Néanmoins on plante aussi du froment, des fèves, des petits pois & des lentilles dans les provinces méridionales, dont les habitans se servent en partie pour eux, & en partie pour les étrangers : Mais on sème beaucoup plus fréquemment du ris, dont je parlerai plus particulièrement, puisqu'on s'en sert aux environs de Canton au lieu de pain.

On sçait que la Chine est un païs extrêmement peuplé. La plupart des provinces le sont au point, qu'on est étonné de voir que ce païs puisse produire assès de blé pour tant de millions d'habitans, d'autant plus qu'à l'exception de quelques *Tounques* (*) venant de la Cochinchine & de quelques vaisseaux hollandois chargés de blé, ce qui n'arrive encore que rarement, ils n'en tirent

A 3

____

(*) Espéces de navires fort grands.

point de l'étranger : mais quand on fait attention à leur industrie presqu'incroyable à cultiver & à tirer parti de tout, à leur parcimonie & extrême sobriété dans la vie ordinarie, on est convaincu qu'un païs qui a des pareils habitans, quelqu'en soit le nombre, ne peut presque jamais manquer de leur fournir la nourriture nécessaire : au contraire c'est plutot la multitude de gens laborieux, qui contribue à la richesse du païs & à la meilleure subsistance des habitans ; car chaque agricole laborieux tire toujours plus du sein reconnoissant de la terre, qu'il n'en peut consommer lui seul.

Le degré de perfection, où l'on a poussé dans la Chine l'agriculture & particulièrement la culture du ris, est le principal fondement de la félicité, dont jouit ce païs. L'économie rurale est aussi la profession, qu'on y honore, & qu'on y encourage le plus. Les empereurs mêmes pour mieux marquer combien ils estiment cette profession & pour donner à leurs sujets un exemple digne d'être imité, vont à la campagne à un certain jour de chaque année, accompagnés des grands de leur cour, prennent la charue à la main, préparent & sèment un district, & moissonnent ensuite de leur propre main le fruit de leur travail : mais il faut, que ie me borne aux côtes de Canton.

Du terrain.

LE terrein aux environs de Canton est aussi varié eû egard à sa situation, que dans d'autres endroits; tous les lieux bas sont couverts de terre grasse & noire : mais à mesure que le terrain s'élève, il se revêt d'une terre jaune & rougeâtre melée d'ochre & le sable & le gravier s'y trouvent en plus grande quantité. lorsque cette terre reste inculte pendant quelque tems, l'alternative de la pluie & du soleil lui donne une surface, pour ainsi dire pétrifiés. Néanmoins des pins & d'autres arbres résineux y ont pris racine & quelques plantes peu délicates, telles qu'il en vient chés nous sur les vieux murs & sur les rochers, prospèrent très bien dans les fentes; ce qui prouve que la terre exposée sur des hauteurs aux vents & à la sécheresse, quoique la pluie enlève ses parties grasses, n'est cependant pas impropre à produire des plantes.

La rivière *Ta* ou *Tabs*, se jette dans la mer au dessous de Canton. Le flux & le reflux fait que son eau est mêlée ici d'eau salée. Elle partage le païs, à la distance de quelques milles autour de la ville, en plusieurs isles grandes & petites, dont les rivages sont larges, unis & bas, de façon que lorsque l'eau monte le plus haut, ils reſſemblent plus à des grands lacs qu'à des champs. Cette humidité continuelle doit néceſſairement rendre cette terre argileuſe en elle même, bourbeuſe & marécageuſe : auſſi les agricoles y enfoncent-ils juſqu'aux genoux, avant que d'arriver à un terrein ferme.

Il ſemble qu'un terrain, qui eſt ſous l'eau deux fois toutes les vingt quatre heures, doit reſter privé de ſes parties graſſes, & de tout ce qu'il faut pour produire du bled, & devient par là impropre à être cultivé, parceque l'eau emporte & entraine lorſqu'elle s'en va, l'engrais qu'elle peut avoir amené. Ces champs humides enſemencés de ris, ne reçoivent en effet point d'autre engraiſſement, que le chaume du ris même mis dans la terre, qu'on laiſſe pourrir : Malgré cela ils rendent tous les ans une moiſſon au centuple.

Toutes les fois que l'eau inonde les champs, elle y laiſſe quelques parties graſſes & bourbeuſes, qui rendent la terre fertile ; car l'eau de la marée, qui monte eſt plus ſaltée & plus trouble, qu'elle ne l'eſt lorſqu'elle deſcend : outre cela elle deſcend au commencement fort lentement & les champs au ris ſont déja à decouvert, lorſque la marée deſcend avec véhémence ; ce qui fait que le limon ſalé, qui a coulé à fond & qui fait l'engraiſſement du champ n'en peut plus être emporté.

Des champs à ris ou rifières.

LEs champs à ris font fi moux en quelques endroits, que la marée emporte la terre des rivages. Pour éviter cet inconvénient, on y plante des cyprès, dont les racines s'entrelacent, & donnent de la fermeté à la terre. Chaque champ de ris étant féparé de la rivière par de larges foffés, ces allées de cyprès plantées en longues haies forment un beau coup d'oeil, particulièrement, lorfque la terre eft fous l'eau.

Dans des endroits plus élevés, qui ne peuvent pas être arrofés par la marée, on a planté une autre efpèce de champs à ris. Pour leur procurer une quantité égale d'eau, ils font une terraffe autour de chacun de ces champs de la hauteur de deux à trois pieds & dans le temps de la pluie, ils laiffent augmenter les eaux, ou ils les laiffent écouler, felon qu'ils le jugent à propos. Dans le tems de féchereffe ils les arrofent ou par des conduits, ou en y portant l'eau. La terre de ces champs eft mêlée d'une argile & d'une glaife ferme, & comme ils peuvent rendre le double de ce que les autres champs rendent, on les engraiffe de plufieurs efpèces de fumier & on en a plus grand foin. Les Chinois plantent outre cela du ris dans des endroits bourbeux & marécageux ; mais comme il n'est pas possible de les entretenir dans un degré égal d'humidité sans beaucoup de peine & de dépenses, ils manquent ordinairement dans les années sèches.

Des Chinois dignes de fois m'ont raconté que dans la province *Yochien*, la rivière qui se jette dans la mer près de *Changeheu* & *Amoy* formoit des grands rivages plats & que les habitans, mécontens de ce qu'un terrain si étendu ne produit rien, faisoient des radeaux, étendoient des nattes dessus, y mettoient de la terre, & y plantoient du ris avec beaucoup de profit : qu'à la vérité ces champs flottans étoient quelques fois sujets à être endommagés par les ouragans, lorsque les vents changeoient ; mais qu'on les regardoit comme fort lucratifs, parce que dans le tems sec, aussi bien que dans le tems pluvieux, l'eau de dessous leur conservoit toujours une humidité égale, & que la pluie ne leur causoit point de dommage puisqu'elle s'écouloit bientôt. C'est là une preuve de leur industrie digne de considération.

On prépare tous ces champs, ou avec la charrue, ou avec la bêche, & comme tout se réduit au but que le vieux chaume de ris soit retourné & mis dans la terre, l'une ou l'autre peut également servir à cet effet ; car le terrein étant toujours si mou, comme nous avons déja observé, que les laboureurs y entrent jusqu'aux genoux, il est aisé de le travailler. Leur charrue est extrêmement simple, & est tirée par un bœuf : mais avec la pioche, ils peuvent aussi sans beaucoup de peine remuer aussi profondément dans la terre bourbeuse, qu'ils le jugent à propos. A la prémière marée la terre ayant été inondée devient unie, comme si elle avoit été applatie avec un rouleau, & comme l'humidité continuelle empêche la terre de se coller, ils n'ont pas besoin d'autre instrument d'agriculture.

On traite de la même manière toutes les autres espèces de terroir, choisissant pour cet effet le tems, où la terre est le plus amollie par l'humidité, & conséquemment facile à travailler. Ils engraissent & labourent une petite partie d'un acre, plus ou moins grande d'environ soixante pieds en quarré. Il faut à la vérité qu'elle soit humide & molle comme le reste. il est nécessaire cependant, qu'elle soit assès eloignée de la rivière, pour qu'elle ne puisse pas être entièrement inondée par la marée, lorsqu'elle monte. Ils ensemencent cette partie fort copieusement d'un ris, qu'ils ont laissé auparavant s'imbiber d'une eau qui a restée sur du fumier & de la chaux. Lorsque le ris commence à paroitre, ils tiennent l'acre fous l'eau à trois pouces de profondeur; au bout de trente jours ces plantes font propres à être transplantées dans des grands champs. Lorfqu'ils les transplantent, ils ne fe foucient pas beaucoup qu'elles foient en lignes directes. Ils ont foin feulement, que chaque plante ait une place fuffifante. La diftance qu'ils laiffent ordinairement entre les plantes eft de huit à neuf pouces. Ils font cette opération comme toutes les autres avec beaucoup de facilité, & de manière, qu'ils ôtent environ la longueur de deux pouces des pointes des plantes & mettent chacune en particulier, ou lorfqu'elle eft trop petite, plufieurs enfemble, dans la terre molle avec les doigts, afsès profondément pour qu'il y ait deux pouces de terre au deffus de racines. Quand le ris a été tranfplanté de cette manière, ils n'y font plus rien : ils examinent feulement, pendant que les plantes font encore délicates, fi elles n'ont pas été endommagées par les vers ou par d'autres infectes ; & fi cela eft arrivé, ils mettent des nouvelles plantes à la place de celles qui ont péri, & jettent alors un peu de chaux fur le champ ; ce qui chaffe les infectes.

Des vents variables & du climat.

LEs vents variables qui foufent dans les provinces méridionales de la Chine fituées en dedans du tropique du cancer, y produifent de tels changemens dans le climat qu'ils partagent l'année en deux faifons, favoir : la faifon humide & la faifon sèche. Quand le foleil paffe dans le mois de Septembre de la ligne équinoctiale vers le midi, l'air devient peu à peu plus frais, & pendant le mois d'Octobre & une partie du mois de Novembre, il regne ordinairement des brouillards & des petites pluies : auffi toutes les fois qu'un vent du Nord-eft s'élève, l'air s'éclaire & refte ferein, jufqu'à ce que ce vent d'hiver ait entièrement difparu. Dans les mois fuivans le climat eft plus ftable, plus fec & plus beau, jufqu'à ce que le foleil ait achevé de nouveau fon voyage d'hiver & ait paffé dans le mois de Mars, au travers de la ligne équinoctiale vers le Nord.

L'air échauffé, qui a tiré peu à peu en haut une quantité de vapeurs, les rend fucceffivement par des pluies plus fortes & plus abondantes, qui dans les mois de May & de Juin deviennent toujours plus copieufes & tellement perfévérantes, qu'on voit fouvent douze à quinze jours de pluie fans difcontinuité. De fortes tempêtes & des ouragans accompagnent ordinairement les grandes pluies du Sud vers l'Oueſt. Quoique le ſoleil commence dans le mois de Juin, à diriger ſon cours de nouveau vers le midi, il laiſſe cependant dans ces endroits une chaleur plus forte qu'elle n'étoit, lorſque le ſoleil y donnoit perpendiculairement : Le tems commence pourtant à devenir plus ſtable, & moins pluvieux, & des nuées baſſes & des coups de vents ſont cauſe que la chaleur, qui a reſté ſe fait ſentir pendant quelques jours plus forte qu'auparavant. Le mois d'Aôut eſt plus tempéré, mais vers le mois de Septembre le tems eſt variable, tantôt ſerein, tantôt nébuleux, ce qui dure juſqu'à ce que l'autre vent s'établiſſe. C'eſt pour cette raiſon que les mois d'Avril, de May, & de Juin ſont appellés chés eux, mois de pluie ; car la pluie tombe alors plus fréquemment, & en ſi grande quantité que l'eau ſe jette en grands torrents des endroits eſcarpés, & ſe forme de nouveaux canaux & de nouveaux lits entre les rochers. Pour remédier à la ſéchereſſe qui pourroit avoir lieu dans les mois ſuivants, les habitans conduiſent cette eau dans leurs champs à ris.

Il faut remarquer ici que pendant l'équinoxe, le changement de vents eſt précédé ordinairement d'une eſpèce de tempête violente, qui ſoufle quelques jours avant ou après la pleine lune. L'air inférieur devient alors extrêmement épais & nébuleux. Ce brouillard, qui a cause de la véhémence du vent, ne peut pas se transformer en pluie, est furieusement agité. L'ouragan augmente à proportion qu'il va vers l'Ouest, quand il est de l'Ouest, les arbres & les maisons peuvent à peine lui résister : il abbandonne une région après l'autre, & au bout de vingt quatre heures il commence à se dissiper. Les champs & les bâtimens en sont ordinairement endommagés : aussi appelle-t-on cet ouragan *Tay*, qui veut dire le grand vent.

Les Chinois savent tirer avantage, pour leur agriculture, de cet ordre successif des vents : ils labourent la terre, lorsqu'elle est mouillée par le tems de l'automne & encore assès molle, pour y semer, ou pour y planter, pour l'hiver. Cela se fait ordinairement dans le mois de Décembre, & comme l'air est alors plus frais, l'eau ne peut pas assès secher, pour qu'elle ne contribue pas à l'accroissement & à la moisson. Celle-ci arrive cent vingt jours après ou dans le mois d'Avril : on engraisse alors un peu, on laboure & on prépare ce champ que la pluie a ramolli, pour y semer ou planter de nouveau. C'est vers la fin du mois de May, ou vers le commencement de Juin, qu'on prépare ordinairement les champs à ris pour la seconde moisson de la même année.

On seroit tenté de croire que le changement de la pluie & de la chaleur faciliteroit l'accroiffement du ris plus promptement qu'à la prémière moiffon ; cependant ils font obligés d'attendre plus longtems cette feconde moiffon & il faut qu'ils comptent cent trente jours depuis l'enfemencement jufqu'à la récolte du ris. De là vient qu'elle n'arrive que rarement dans le mois de Septembre.

On met les plantes au ris dans les champs bas, vers la fin du mois d'Avril, ou vers le commencement du mois de May. Ces plantes demandent autant de jours pour mûrir que celles des autres champs & la moiffon arrive ordinairement dans le mois de Septembre : après cela on laiffe la terre en friche jufqu'au mois d'Avril ; pendant ce tems les chaumes & les racines du ris qui ont refté, pourriffent, de manière qu'ils fe confondent entièrement avec la terre quand on la laboure.

Dès que le ris commence à blanchir, figne de fa maturité, on le coupe avec des faucilles à main, dont le tranchant eft dentelé comme une fcie ; on le lie en gerbe, & on le met dans un endroit fec & élevé, pour qu'il y fèche & qu'il y demeure jufqu'au tems qu'on le bat. Le ris battu a encore fon écorce, & on l'appelle *Paddi*, on s'en fert en partie pour le femer, en partie pour en nourrir le bétail : mais avant

que les hommes s'en servent, ils l'ecrafent
dans des mortiers de pierre avec des pilons
de bois, après quoi on le vanne.

Quelques œconomes, qui ont des champs
trop étendus, pour qu'ils les cultivent eux
mêmes, en cedent une partie à des pauvres
gens, moyennant une certaine redevance.
Ces fermiers font trop pauvres pour labourer
les champs avec la charrue & des bœufs;
c'eft pourquoi ils fe fervent de pioches, ils
achetent des autres, les plantes de ris, qu'il
leur faut. quand le ris eft mûr, & qu'ils
l'ont coupé, ils le battent fur quelque col-
line, ou quelque rocher nud, & ils en payent
la redevance au propriétaire.

De l'engraiffement des terres.

UNe agriculture fi étendue exigeant
beaucoup d'engrais, les pauvres gens
gagnent leur vie à ramaffer dans les rues
& aux environs des maifons & même avec
des petites fampanes ou barques fur les rivages, toutes fortes de matières propres
à engraiffer, même les excrémens d'hommes
& de bêtes; ils les vendent à ceux qui en
font un commerce particulier. Ceux-ci les
revendent aux agricoles qui en ont befoin.
Ils amaffent auffi l'urine dans des vafes
particuliers, qu'ils tiennent dans les maifons. Quand la moiffon a été avantageufe,

un *Pekul* (*a*) de la prémière efpèce d'engrais coute deux *Mes* (*b*), & un *Pekul* de la dernière ne coute que la moitié : outre cela chaque œconome a foin que les excrémens du bétail ne foient pas perdus dans les patis. on emploie des enfans ou d'autres gens qui ne font pas en état de s'occuper plus utilement, à les ramaffer. Ils brulent auffi les offemens qu'ils trouvent, & en jettent la cendre avec celle d'herbe & de bois brulé fur les champs, pour les rendre plus fertiles.

On engraiffe, on laboure & on applanit les champs qui quoiqu'humides, font dans une fituation plus élevée que ceux dont nous avons parlé jufqu'ici. Leur terre eft plus meublée : on enfemence fort copieufement une portion d'un champ, d'un blé, qui a été trempé pendant quelques jours dans une fauce de fumier & on le tranfplante. Quelques fois on plante auffi le blé trempé de cette manière dans le champ préparé, de façon que les grains font à la diftance de quatre pouces l'un de l'autre. on preffe la terre autour de chaque grain. Dans une grande féchereffe, on conduit une petite quantité d'eau fur les champs. Les

---

(*a*) Un *Pekul* pefe environ cent quarante deux livres & demi poids de Suède.
(*b*) Un *Mes*, qui eft la dixiéme partie d'un *Tell*, vaut dix fols de France.

profonds fillons , qui fe font formés de la preffion de la terre contre les grains, reçoivent alors l'eau & donnent de l'humidité aux jeunes plantes fans les noyer. La véritable faifon pour tranfplanter eft vers la fin de Décembre , quoique l'air foit alors fort frais & qu'il faffe froid quelque fois pendant la nuit. La femence pouffe pourtant, & forme fa fouche au bout de quinze jours, dont chacune donne dans le mois de Mars fept à neuf tiges avec leurs épis , mais la paille eft plus courte que chés nous. Le mois de May donne une moiffon abondante : On m'a affuré qu'un grain du bled, en donnoit cent vingt , ce qui recompenfe bien le travail qu'on y a mis.

Comme le ris eft la principale nourriture des Chinois, puifqu'ils s'en fervent en guife de pain , on n'emploie qu'une petite portion du terrain pour le blé : Ils s'en fervent uniquement pour leurs confitures , dont ils confomment une grande quantité à leurs jours de fêtes, pour leurs Pagodes & leurs offrandes. Ils en font auffi un peu pour eux mêmes. Les étrangers en confomment la plus grande quantité; & comme le blé, que cette province produit , n'eft pas fuffifant pour eux , on en apporte en quantité des provinces feptentrionales pour leur ufage.

J'ai vu dans un petit champ, de l'orge dans le mois de Juin , qui avoit très bien pouſſé : mais comme on l'avoit ſemé trop tard , la chaleur , qui étoit déja brulante , l'avoit fait monter ſi vite , que la tige ſe flêtrit , avant qu'elle pût former des grains , & qu'elle ne contenoit dans ſes épis conſiderables que des ecoſſes vuides . Si on avoit ſemé cet orge , comme l'on ſème le blé dans un tems plus frais , il auroit fourni ſans doute une riche moiſſon . J'en concluois que comme ces eſpèces de blé proſpèrent très bien étant ſemées & tranſplantées dans un champ bien préparé & également humide , le tems frais eſt plus convenable à leur accroiſſement que le tems chaud .

Leur manière de battre le bled & le ris eſt la même & ſe fait comme chés nous avec des fléaux . Après que le bled eſt battu , on le fait paſſer par une macchine faite exprès pour le nettoyer , & qui en fait partir toute la pouſſière , avant que de le moudre . Si les moulins à Canton étoient auſſi commodes , que ces machines , pour netoyer , ils pourroient épargner beaucoup de travail & de mains ; car la manière de moudre ici avec des moulins à main eſt extrêmement penible . Il eſt étrange , que les Chinois , qui ont tant d'inventions ingénieuſes pour faciliter des petits travaux , faſſent tout avec leurs mains dans les grands travaux , comme ſcier , moudre & d'autres qui exigent plus de force , quoiqu'ils ayent afsès de facilité pour conftruire des machines tant fur les montagnes, que fur les rivières.

Ainfi, comme nous venons de voir, ils employent à l'agriculture tous les endroits plats & bas & mettent peu de travail à la terre molle qu'ils tiennent entièrement égale. La récolte rend ordinairement au centuple : mais lorfqu'il furvient un tems déréglé, une trop grande féchereffe ou une trop grande humidité, il y a de la ftérilité ici comme ailleurs : & comme le païs eft prodigieufement peuplé, elle a toujours des grandes conféquences : une petite augmentation du prix du ris fait murmurer les pauvres & les fainéans, & quand enfin d'autres s'attroupent avec ces mécontens, il en naît une révolte contre le gouvernement tartare, ce qui arriva l'an. 1751., la famine étant accompagnée encore d'une maladie epidémique, qui enleva beaucoup de monde.

Des champs fitués fur des hauteurs.

DEs hauteurs & des pentes feroient impropres par leur fituation à porter quelque chofe. Dans les mois pluvieux : la pluie fréquente noyeroit & emporteroit tout ce qu'on auroit femé, ou bien les plantes, après que l'eau s'eft écoulée, fe trouveroient dépourvues de terre & expofées ainfi à la féchereſſe & à la chaleur qui ſurviendroit. Pour remédier à cet inconvénient, ils ont eu ſoin de changer les hauteurs en plaines, moyennant des terraſſes dont la hauteur & la largeur eſt ſuivant la pente. Ils employent ces terraſſes à différentes plantes, & donnent à chacune la place qui convient le mieux à ſa nature. Celles qui ſupportent le plus de féchereſſe, ont leur place en haut, & les plantes qui ſont plus tendres, ſont placées en bas. Quand la pluie à mouillé la terre des terraſſes ſupérieures, on conduit l'eau aux terraſſes inférieures, par le moyen de fillons : ainſi outre la pluie qu'elles ont reçûe, elles profitent encore de l'eau ſuperflue des terraſſes ſupérieures.

Les bords des terraſſes qui ſont faites quatre ou cinq pieds l'une au deſſus de l'autre, deviennent quelques fois ſi durs par l'effet de la pluie & du ſoleil, qu'ils pourroient ſubſiſter nombre d'années : malgré cela ils y ont planté pluſieurs arbres, dont les racines entrelacées donnent de la conſiſtance à ces bords. Les arbres mêmes garantiſſent les plantes, de la chaleur du ſoleil & des vents, & font que les terraſſes ainſi ornées offrent à la vue un fort bel aſpect.

Quand ils ont remué la terre des terraſ-ſes avec une petite charrue, ou avec une bêche, & qu'ils l'ont applani avec un râteau au lieu d'une herſe, on lui donne quelques fois, pendant qu'on la laboure autant d'engraiſſement, que les plantes qu'on veut y mettre en exigent ; mais en cela auſſi on obſerve une grande économie : on trempe pour la plupart le fumier dans des trous ronds murés dans la terre & remplis d'eau, on arroſe la ſémence avec cette ſauce, quelques fois en plantant ils mettent une poignée de cendre ſur chaque grain, ils croyent, que l'engraiſſement, qui tombe entre les plantes n'eſt d'aucune utilité.

On laiſſe à peine un mois de repos aux couches conſtruites ſur les terraſſes, ou autrepart, & dès qu'une production eſt mûre & recueillie, on les prépare pour en porter une autre, ce qui ſe fait trois fois par an. Quant à la ſaiſon, les cultivateurs font attention à la nature des végétaux, & l'on donne à chaque plante, la ſaiſon la plus convenable, ſelon qu'elle demande ou de l'humidité ou du froid ou du ſec. Les racines ſeules ont pour partage l'automne.

Les genres de ſémences, qu'on plantoit le plus généralement ſur ces hauteurs, étoient les ſuivans : un genre de ſémence groſſière d'une plante avec une racine mince qui reſſemble pour les feuilles, les fleurs & les vaiſſeaux qui conſervent la graine à nos radis. Le commencement de Décembre étoit le tems le plus convenable pour celle là ; on formoit dans la terre nouvellement labourée des fillons qui avoient un pied de large, & un demi pied de profondeur. Entre ces fillons il y avoit des longues couches étroites d'un quart d'aune de largeur : au moyen de ces fillons l'eau trop abondante pouvoit découler, après avoir laiffé une humidité fuffifante. on plantoit les grains à la profondeur de quatre doigts & on leur laiffoit fept à huit pouces d'intervalle, comme cela fe fait dans la faifon fèche, on les arrofe au commencement. au mois de fevrier tout étoit en fleurs & dans le mois d'avril les vaiffeaux à femence devenoient jaunes ; alors on arrachoit les plantes, on les féchoit & on les battoit pour en avoir la femence abondante. De cette fémence on tire une huile, dont on fe fert beaucoup dans le ménage particulièrement pour les lampes, & quand elle eft fraiche, on s'en fert pour préparer les mets. Cette huile eft fi graffe, qu'on ne peut pas l'employer dans la peinture, parcequ' elle ne fèche pas affès. Le noir de fumée qui fort de ces lampes fait la couleur noire, connue fous le nom d'encre de la Chine.

Ordinairement la fémence de Coton, qu'ils appellent *Minfu*, prend la place de la fémence à l'huile. On prepare le terrain, comme on a déja decrit, on plante auffi la fémence dans des couches, auffi étroites, que pour la fémence à l'huile à la diftance d'un pied l'une de l'autre. Il faut remarquer, que felon

Ion que les plantes font plus fortes ou s'etendent davantage, ils font les couches plus larges ou plus étroites, plus eloignées ou plus rapprochées l'une de l'autre. C'eft dans le mois d'Avril, qu'ils mettent les grains dans la terre. Ils jettent fur chaque grain quelques poignées pleines de cendre de l'herbe, qui produit l'huile, ou d'une autre; & c'eft là tout l'engrais qu'ils donnent pour cette fois à la terre. Jufqu'à ce que la quatrième feuille pouffe, on l'arrofe dans des jours fecs. La chaleur & la pluie font que les fleurs qui ont paru dans le mois de Juillet, fe changent dans celui d'Aôut en fruits, qui mûriffent dans un tems fec & s'ouvrent pour montrer le coton.

Alors on les cueille, on fépare le coton & la fémence, qu'on garde pour l'enfemencement prochain. Trop d'humidité nuit à la plante du coton, pendant le tems de l'accroiffement & pendant celui de la maturité: auffi quand le tems pluvieux continue, le coton pourrit fur la tige; ce qui fait que la récolte n'eft que médiocre, en comparaifon des autres. Les fouris recherchent extrêmement cette fémence, non feulement lorfqu'elle eft étendue après qu'on la cueillie, mais même quand elle mûrit encore dans fes vaiffeaux.

Les patates qu'ils appellent *Fauciy*, font le troifieme & dernier fruit, qu'ils plantent fur les terraſſes : après le coton, ils remuent de nouveau la terre , & y mettent des petits morceaux des patates coupées à la diſtance d'environ un pied. Comme ce fruit n'eſt pas auſſi délicat , que le précédent, qu'il croît lentement , & qu'il réſiſte au froid , ils lui laiſſent pour croître les derniers mois de l'année. Ces patates diffèrent des nôtres en quelque choſe. Elles ont la pelure rouge , elles ſont plus longues , jaunes & d'un goût doux & agréable ; mais l'herbe reſſemble à celle de nos patates en Europe.

Ils ne font pas toujours ſuccéder le coton à la plante, à l'huile, & les patates au coton. D'autres végétaux comme des lentilles, des fèves, des *Locktau* & des Calebaſſes prennent quelques fois la place du coton ; mais ordinairement ils commencent par la ſémence à l'huile , & ils finiſſent de tirer parti de leurs terraſſes , pour l'année, par des patates. Ils préparent toujours le terrein de la manière décrite & ils ne mettent point de ſémence, qui n'ait été trempée auparavant pendant quelques jours dans de la ſauce de ſumier, ou dans de l'eau de chaux.

Ils plantent & traitent comme les patates, les *Yams*, qu'ils appellent *Utau* : mais le terrain pour les *Yams* eſt différent ; car on plante ces racines dans des endroits ſi marécageux & ſi humides, qu'ils ne ſeroient pas propres pour d'autres plantes, quelque fois aussi dans un champ de ris, qui a déja servi une fois dans une année, & qu'on n'estime pas assès bon, pour fournir une seconde récolte. Plus on laisse ces racines en terre, plus elles deviennent grandes. ordinairement on les tire de la terre dans le mois de Novembre.

Ils mettoient les racines coupées de la canne de sucre, dont chaque morceau avoit deux jets, dans la terre, à la profondeur de plus d'un quart d'aune, & ils laissoient deux pieds d'espace entre chaque rang. Ils employent pour cela aussi bien les terrasses les plus élevées, que les endroits les plus bas. Dans les mois de Mars & d'Avril, on la planta dans des endroits bas, & dans les mois pluvieux sur des hauteurs ; ce qui produisit une récolte différente. Lorsque la canne commençoit à jaunir, on la coupe ; car si on laisse plus long-tems, elle commence à pourrir par la racine. Elle atteignoit la hauteur de quatre à six aunes. Ils portent à un endroit commode & situé sur la rivière, quelques charges d'une sampane de Sucre, y construisent une maison de *Bambou* & de nattes. à l'un des bouts de cette maison ils font un four avec deux grands chauderons, qui y sont mûrés ; à l'autre bout, il y a une aire spacieuse garnie de planches, sur laquelle deux bœufs trainent un rouleau équarri fait d'un bois dur. La canne, qu'on avoit mis fous le rouleau par couches, étoit ecrafée de cette manière, & le jus qu'on conduifoit, moyennant un égout au bout de l'aire, s'y raffembloit dans un grand vaiffeau. On mettoit la canne ainfi preffée dans le chauderon bouillant pour en tirer tout le fuc. On le mêloit enfuite avec ce qui étoit déja exprimé, on le faifoit paffer par le crible & on le laiffoit bouillir dans l'autre chauderon, jufqu'à ce qu'il prît la confiftence d'un fucre brun.

Les feuilles & les cannes, qui ne contenoient plus de parties fucreufes, fervoient pour fournir le feu néceffaire. Quand il n'y avoit plus de provifion de canne dans un endroit, ils défaifoient dans la maifon, & emportoient les uftenciles. Ces rafineurs de fucre parcouroient le païs & tiroient le fuc de la canne des agricoles. D'autres rafineurs l'épuroient après & en faifoient de la caffonade plus ou moins fine.

Des jardins potagers.

COmme à l'exception de quelques jardins imparfaits de ce genre, je n'ai pas eu occafion d'en voir, la defcription que j'en vais faire, ne fera pas auffi complette que je le voudrois. Ce que j'en puis dire, eft qu'ils choififfent pour ces jardins ordinairement des endroits bas & argilleux & qu'ils n'y épargnent pas l'engrais. Les plantes connues étoient de la Salade, des longs & des courts concombres, du Purjo, des oignons blancs, du célery, des épinards, des radis longs, des carottes, de l'arroche rouge, une espèce de raves aqueuses, des melons d'eau & d'autres : Ils en ont reçû originairement la sémence des Portugais. On y trouve encore une grande variété de plantes, dont le nom & la figure nous est entièrement inconnu. Le *Pourpier* croissoit sauvage ; mais ils ne s'en servoient point & par conséquent n'en faisoient point de cas. Ils avoient une espèce grossière *d'epinards* aqueux dans des étangs, qui avoient une demi toise de profondeur. Il y étoit si abondant, qu'il en couvroit la surface, ils en font un grand usage dans leurs cuisines. Ils plantent le *gingembre* par petits morceaux dans une terre grasse & argilleuse à la profondeur de quatre doigts ; ce qui se fait aux mois de Février & de Mars. Plus tard, la chaleur pousseroit trop la tige & les feuilles, la racine deviendroit spongieuse & demeureroit petite. Au reste cette plante supporte le froid & le chaud.

Le Tabac chés eux s'appelle *Yien*. La culture de cette plante leur est d'autant plus avantageuse, qu'ils en font cas à la Chine plus qu'en aucun lieu du monde,

Ils n'y épargnent ni foins ni bons terrains. On le plante le mois de mars, chaque plante à la diftance d'un pied & demi l'une de l'autre. Le mois d'Aôut on le cueille, on le laiffe reffuer & enfuite on le travaille comme chés nous. Ce Tabac ne paroit pas être de la meilleure qualité : il reffemble fort au nôtre ; mais l'odeur & le gout en font médiocres. Les Chinois lui donnent la préférence fur celui de *Manille* & d'*Aynam*, *Bréfil*. Les feuilles defféchées & mifes en preffe les unes fur les autres, font coupées par bouts avec un inftrument de fer dans la même forme, qui eft ufitée chés nous, quand on le fume. Il diftille une huile gluante & d'une odeur forte. Coupé par morceaux plus gros, il fume mieux. Le débit de cette marchandife eft fi confiderable, qu'on en apporte ici une grande quantité de toutes les contrées voifines.

Ils difpofent par rangs fur de larges couches une plante, qui reffemble à la menthe, mais dont les feuilles font plus pâles. Ils l'appellent *Fockiyong*. Le mois de Mars, elle a un pied de haut. Sa culture demande beaucoup de foins, on la feme dans le tems froid ; dans le tems de la chaleur, pour en prévenir les inconvéniens, on la couvre & on l'entoure de nattes. Ils eftiment beaucoup cette plante. La mefure d'un *Pekel* s'en vend cinquante *Tell* (*) on

____

(*) Un *Tell* vaut cent fols de France.

la croit très bonne contre la confomption.

L'arbre merveilleux (Ricinus) de la grande & de la petite efpèce à été apporté ici d'*Aynam*. Ils en mettent partout & fans ordre dans leurs jardins & particulièrement des petits. Le fruit fous le preffoir, rend une huile blanche & claire en grande quantité. Après en avoir ôté la graiffe par le moyen du minium, de la chaux vive & de la terre vitriolique, ils en font un vernis, qui fert à la peinture. Ce vernis fèche promptement & donne un eclat fort vif.

Ils font ufage au lieu du chou, d'une plante, qui reffemble au glouteron par fes feuilles grandes & groffes, dont les pédicules épais fortent d'une racine mince. La fleur eft jaune, la tige contenant la graine & la graine même reffemblent à celles du chou. Comme ils l'employent journellement, la confommation en eft grande. Cette plante croît fort vite & dans toutes les faifons dès que la récolte en eft faite, ils en refsèment de nouvelle fur la même couche, on la cuit à demi & on la laiffe fécher. C'eft une de leurs provifions dans leurs voyages fur mer. Les Tartares ont apporté ici, de Pekin, une efpèce de chou blanc qui a la tête longue & étroite, il n'eft pas encore fort en ufage ; ainfi il n'eft pas commun.

Des Arbres.

QUoiqu' il y ait ici plusieurs espèces de bons arbres fruitiers, on ne remarque pas que les Chinois s'appliquent particulièrement à cette culture. Parmi la grande diversité d'arbres, qui ornent leurs jardins & leurs terrasses, il s'en trouve de cette dernière sorte. Ils ont même de grands jardins tout plantés d'arbres; ce qu'ils regardent comme une grande magnificence. C'est pourquoi les environs de leurs *pagodes* & de leurs maisons de plaisance en sont decorés; mais la plupart de ces arbres nous sont inconnus.

L'oranger, que les Portugais ont transplanté en Europe, porte ici de gros & bons fruits. On dit que dans le canton de *Fockien* & dans les environs *d'amoy*, ils sont encore plus parfaits. Il y en a ici de différentes sortes: quelques uns sont de la grosseur des noix de Galle; d'autres sont comme des reinettes. Il y en a qui ont la forme angulaire & la couleur rougeâtre &c. Il est rare qu'on prenne ici un soin bien particulier de la culture de ces arbres, & qu'on leur donne même une certaine disposition & quelque arrangement. Lorsqu'ils se trouvent placés à l'abri des vents violens, ils viennent fort bien d'eux mêmes & rapportent en abondance. Les provinces de *Fockien* & de *Quan-*

tung font obligées d'envoyer tous les ans une grande quantité de fruits à la cour de *Peking*.

Le *Leichi* eft un arbre que les Chinois paroiffent eftimer autant que l'oranger. Il y en a de différentes efpèces, de gros, de petits, & de fauvages : les fruits font de la groffeur d'une noix mufcade. Ils font entourés d'une écorce rude, raboteufe & rougeâtre, ils croiffent comme la vigne en forme de grappe. L'arbre atteint la hauteur du poirier & eft garni de feuilles petites pointues & piquantes. Les fruits fe confervent déffechés & ont le gout des raifins de Corinthe. 'Il femble prefqu'incroyable que les environs de *Canton*, qui eft le feul païs, où cet arbre vienne, produife par année pour cent mille *Tell* de fruits de *Leichi* déffechés.

Le thé, qu'ils appellent *Chia*, & qui croît ici dans une isle vis à vis de *Canton* eft en réputation pour fa vertu contre les maladies de poitrine.

L'isle s'appelle *Honam*, & fon thé *Thée d'honam*. L'arbuffe qui eft de la hauteur d'une aune ou d'une aune & demi, s'eleve par rangs fur des collines fèches & fabloneufes. On ceuille les feuilles tendres & qui font d'un verd clair, le mois de Mars, on les rôtit dans des chauderons de fer, & on les difpofe en forme de rouleau comme les autres efpèces de Thé, on néglige les feuilles dures & qui font d'un verd plus foncé. Il paroit, qu'on ne prend pas grande peine pour la culture de cet arbre ; on en laiſſe dépérir plus de la moitié.

L'arbre d'*Areca* ne croît pas loin de *Canton*, ainſi que je le conjecture par des noix fraiches, que j'en ai vues ici. Il y avoit dans l'isle d'*Aynam* diverſes plantations de cet arbre. Le terrain, qui le porte eſt gras & humide. L'arbre reſſemble au cocotier, & a la tige droite. Lorſque le fruit eſt mûr, l'écorce prend une couleur jaune. La noix diffère peu de la noix muſcade. Elle ſe ſèche & s'envoie dans les provinces ſeptentrionales.

La plante du *Béthel* n'eſt point délicate. Elle croit d'elle même ſans culture, lorſqu' elle trouve un terrain propre. Ses feuilles frottées avec de la chaux & la noix d'*Areca*, font le *Pinang* ſi connu que ces peuples & ceux des autres païs orientaux mâchent avec tant d'appétit.

Le *Manglier* s'elève fort haut & porte des branches fort étenduës comme le frêne. La feuille eſt du genre de celle de l'aube epine & le fruit paſſe pour un des plus ſalubres des Indes.

Le *Pumpelmoſe* eſt une eſpèce de gros citron doux, l'arbre reſſemble au citronier ; mais les feuilles font plus larges.

Ils ont de petits citrons aigres, des *Longans* & pluſieurs autres ſortes de fruits. Ils ont auffi de l'*Otomchou*, dont comme nous l'apprend *le Comte*, ils confervent la gomme pour leur vernis.

Il feroit trop long de faire le détail & la defcription de leurs différentes efpèces d'oliviers, de poiriers, de pommiers & de raifins. On ne peut-pas dire qu'ils donnent quelque préférence à une culture fur une autre : ils les laiffent prefque tous fauvages. Ils font ufage du grêffe pour quelqu'efpèce d'arbres, & ils fe fervent de cette méthode fort heureufement.

Des Jardins de plaifance.

COmme le gout des Chinois diffère beaucoup de celui des autres nations pour les manières, l'habillement &c. cette différence n'eft pas moins remarquable dans leurs jardins de fleurs & de pur agrément. Ils fe foucient fort peu de parterres, de haies, d'allées couvertes & généralement de la fymmetrie : une place nue, ornée de pierres de différente grandeur & couleurs, qui forment des figures de dragons & de fleurs, leur plait beaucoup plus, qu'un parterre orné de beaux deffeins, dont les interftices font remplis d'herbe. Leurs allées ne font pas ouvertes, elles ont pour la plûpart des murs aux- ôtés, contre lefquels on a planté des vignes ou d'autres arbres qui graviffent le long des murs.

B 6

Ils les tirent moyennant des bâtons d'un mur à l'autre & couvrent ainfi l'allée. Les bancs font pratiqués dans des allées, qui n'ont point de murs aux côtés & par l'arrangement des pierres, ils forment de nombreufes cavités, où ils placent des vafes de différentes fleurs. Les allées font difpofées en courbures ; quelquefois elles fe prolongent au delà d'une petite place unie, garnie de pierres, & menent à une maifon de plaifance découverte, fur laquelle il y a des vafes de fleurs. Quelquefois elles paffent par des arcades formées, avec des Bambou (*) minces qui font doubles & arrangés inégalement. Les intervalles font remplis d'une efpèce de pervenche qui les traverfe, & qui les fait afsès reffembler à un paroy, qui a un grand trou ; avec cela l'on trouve bien de la variété : des montagnes couvertes de broffailles, au pied defquelles coulent des ruiffeaux. Ces montagnes repréfentent des déferts & font entourées d'arbres touffus & ferres. Des bâtimens de trois à quatre étages, qui pour la plûpart font ouverts d'un côté, des tours, des grottes, creufées obliquement, des ponts, des étangs, des endroits femés de haricots, des bocages arrangés dans le gout fauvage, des petits bois de

---

(*) *Bambou* efpèce d'arbre.

plaifance , & d'autres variations, qui forment une belle perfpective. Ils ont auffi des tables de pierre, à l'ombre de hauts arbres , ou dans des entroits élevés, dont la vue s'étend au loin.

De leur bétail.

AUx environs de *Canton* & dans les provinces fituées fur la mer, les habitans s'appliquent fort peu au gros bétail, parcequ'il n'eft pas auffi néceffaire ici, qu'il l'eft dans les provinces contigues & feptentrionales. Car ils peuvent labourer leurs champs fans beaucoup de travail & fans le fecours des bêtes, & leurs voyages & tranfports fe font par eau ; ce qui leur eft facilité par la marée. Le bœuf n'eft pas un mêt agreable pour eux & il eft remplacé par les poiffons, qui y abondent. A l'exception des Mandarins & des officiers de guerre, il n'y a que peu de perfonnes, qui aïent des chevaux. Ils ne fe fervent pour l'agriculture que de bœufs & de bufles ; ce qui a particulierement lieu dans les endroits éloignés de la rivière : & ce n'eft que pour en conferver la race , qu'ils nourriffent quelques vaches , parce qu'ils ne fe fervent que rarement du lait. Autrefois ils faifoient encore moins , de cas de betes à corne. Ils ne fe font portés à élever plus de bœufs &

de vaches, que depuis que les Européens ont frequenté le pais davantage, & qu'ils en confomment annuellement une bonne partie, tant pendant leur féjour, que pour leurs provifions, lorfqu'ils s'en retournent.

Les moutons ne font pas fi communs aux environs de Canton, que dans les provinces adjacentes. On fe fert de leurs peaux & de leur laine pour l'habillement dans les mois froids; mais elles font affès chères; auffi n'eft ce pas l'affaire de tout le monde de nourrir du bétail particulièrement des moutons.

On n'a pas autant d'ânes aux environs de Canton, qu'on en a plus loin dans le païs, où l'on fe fert d'eux pour le travail & pour voyager. Les Tartares trouvent tant de gout à la chair de cet animal, qu'ils ont introduit la mode de les tuer comme les chevaux & d'en manger. J'ai vu vendre de la viande d'âne ici.

Mais s'ils négligent d'avoir grand foin du bétail, dont nous venons de parler, ils font d'autant plus de cas des petites bêtes qu'ils nourriffent avec moins de peine & dont ils tirent plus de profit. Ils ont tant d'expérience & d'adreffe pour cette partie économique, qu'elle fournit une fubfiftance abondante à grand nombre de petites familles.

Comme ils mangent journellement du cochon, en quantité & avec grand appétit, ils en nourriffent un grand nombre. La race des cochons eſt fertile ici & vient bien. Les truyes donnent des cochonnets, avant que d'avoir atteint un an. Au commencement elles n'en donnent pas tant qu'à la troiſié-me ou quatrième portée, qui ſont ordinaire-ment de dix ſept ou dix huit cochonnets & il en périt rarement. Les diſtillateurs du *Samſu* (a) ceux qui pilent le ris, & ceux qui ont des moulins, nourriſſent toujours beaucoup de cochons. Les pêcheurs & ceux qui demeurent ſur le rivage, en ont un nom-bre plus conſiderable encore, parceque le poiſſon dont ils les nourriſſent, ne leur coute rien ; ce qui leur donne cependant un gout huileux. Outre cela preſque toutes les petites familles, qui demeurent ſur de *Sampanes* (b) nourriſſent des cochons, tant pour leur pro-pre uſage, que pour en vendre. Lorſqu'on voit combien de cochons tant crus que rôtis, ils portent par les rues, pour les vendre, & combien ils en conſomment journellement, le lard coupé par morceaux faiſant pour l'or-dinaire leur principal plat ; qu'outre cela il leur faut de grands cochons, qu'ils rôtiſſent

---

(a) Eſpèce d'eau de vie diſtillée de ris.
(b) *Sampane* : c'eſt ainſi, qu'on appelle les barques chinoiſes ſans quille, qui ont preſque la forme d'un auge. Il y en a de différente grandeur, & de différentes eſpèces. Elles ſont ordinairement couvertes & habitées.

tout entiers pour leurs jours de fête, &
qu'ils en facrifient auffi beaucoup dans les
Pagodes, on eft étonné, qu'il puiffe y en
avoir un nombre fi prodigieux ; d'autant
plus, qu'ils en employent beaucoup dans
leurs voyages de mer, & qu'ils en vendent
auffi aux Européens. Les cochons de lait
qui proviennent de la prémière & de la feconde ventrée de la truye reftent petits, de
même que les truyes qui donnent des cochonnets, trop tôt. De là vient, qu'on
châtre les cochons de lait deftinés à êtres tués.

Ils nourriffent beaucoup de poules, plus
cependant pour les étrangers, que pour eux
mêmes. Ils favent chaponner avec beaucoup
de dextérité. Ils font éclore les petits pou-
lets par les poules, & ils ne fe fervent point
de fourneaux pour cela. Le climat chaud
& le grand nombre d'œufs que font les poules, contribue beaucoup à leur propagation.

Il y a des faifans aux environs de *Canton*, mais ils n'y font pas fi communs, que
plus avant dans, le païs, où on les trouve
beaux & de différentes couleurs : auffi les
porte-t-on *à Canton* comme de raretés, &
ils coutent cher.

Il n'y a point de cocqs d'Inde dans la
Chine, & quoique les vaiffeaux en apportent quelques uns tous les ans de la côte
de *Malabar* & de *Coromandel*, qui en eft
la véritable patrie, les Chinois n'ont pas

essayé, d'en introduire l'espèce chés eux.

Des pigeons de différentes espèces prospèrent & se multiplient très bien ici, de même que les oyes. Celles ci sont plus petites, que les nôtres, & ressemblent à nos oyes sauvages, pendant que leurs oyes sauvages ont de la ressemblance avec nos oyes domestiques.

Ils entendent parfaitement bien l'éducation des canards. C'est après les cochons, ce à quoi ils s'attachent le plus ; & comme les canards font le plat presque ordinaire des gens qui font à leur aise, la grande consommation, qu'on en fait, exige qu'on s'applique à faciliter la propagation de leur espèce. Le climat qui est constament doux & le voisinage de la rivière y contribuent beaucoup, par la commodité de les nourrier de petits poissons & écrevisses qui restent sur les champs à ris, après que l'eau s'est ecouleé, & par conséquent à fort bon marché. Bien des *Cantonois* ne vivent que du commerce des canards. Les uns achetent les œufs, & en font trafic, d'autres les font éclore dans des fourneaux, & d'autres encore élèvent les petits canards. Les fourneaux pour les couver font extrêmement simples. On pose une plaque de fer sur un foyer muré, on met sur la plaque une caisse de la hauteur d'un demi pied, remplie de sable, où on a mis les œufs en rangs.

On les couvre d'un tamis, au deſſus du
quel on met une natte. Pour les échauffer,
ils ſe ſervent de la braiſe d'un certain bois,
qui brule lentement & entretient une chaleur égale. D'abord on ne leur donne que
peu de chaleur, peu à peu on l'augmente,
juſqu'à ce qu'elle devienne aſſès forte, pour
faire éclore les œufs. Si quelque fois ils
augmentent trop la chaleur, les jeunes canards ſortent trop tôt, & meurent ordinairement au bout de trois ou quatre jours.
On vend les jeunes canards éclos de cette
manière, à ceux qui les élèvent. Ceux-ci
éprouvent de la manière ſuivante, s'ils ſont
éclos trop tôt: Ils prennent les jeunes canards par le bec, laiſſant le corps ſuſpendu.
S'ils s'en défendent, battant des pieds &
des ailes ils ſont bien & duement éclos;
mais quand ils ont reçu trop de chaleur,
ils reſtent tranquilles pendant qu'on les
tient par le bec. Quelquefois ces derniers
demeurent vivans, juſqu'à ce qu'on laiſſe
aller tous les jeunes canards à l'eau; ce
qui arrive ordinairement environ huit jours,
après qu'ils ſont éclos. Alors ils vacillent,
ſe jettent ſur le dos & meurent après quelques convulſions. On les tire cependant de
l'eau & on les laiſſe ſécher, puis qu'ils
reviennent quelque fois; mais lorſqu'ils ſont
mouillés de nouveau, ils meurent fort ſou-
vent d'un pareil vertige. Quand l'eau s'eſt

écoulée, on ramasse les petites écrevisses, & les crabes, on les fait bouillir & on les hâche; & au commencement on ne nourrit les jeunes canards que de cette pâture. Quelques jours après, on y mêle du ris bouilli & des herbes hâcheés. Quand ils sont plus âgés, on les porte dans une grande *Sampane* dont le plancher fait de bois de *Bambou*, s'elève au dessus du niveau de l'eau. Elle est entourée d'une galerie & d'un pont qui s'abaisse vers l'eau, on donne aux jeunes canards une vieille marâtre qui les mêne, lorsqu'on les laisse descendre le pont pour aller paître. La vieille canne est tellement accoutumée au cris qui vient de la *Sampane*, lorsqu'on veut les rassembler le soir, qu'elle y arrive, moitié en nageant & moitié en volant. Ils changent alors de place avec leur *sampane*, & abordent à un endroit, où il y a plus de nourriture pour leurs canards, & ils les laissent aller journellement au rivage sur les champs à ris. On est etonné de voir ces sampanes entourées de milliers de canards grands & petits. Et ce qu'il y a de singulier, c'est que quand plusieurs *Sampanes* laissent paître leurs canards au même endroit & qu'on les appelle le soir, chaque canard sait retrouver la sienne. Les Chinois s'occupent constamment de la propagation des canards, excepté les trois mois d'hiver; & quoiqu'elle exige beaucoup de foin, on ne voit pas que ce foin les fatigue beaucoup ; car dès que les jeunes canards ont atteint l'âge de quinze jours, ils font en état, de pourvoir à leur nourriture eux mêmes.

Les vers à foye mériteroient par leur utilité, qu'on en parlât ici, ainfi que de la manière dant on les traite ; mais comme on en trouve des dètails dans d'autres rélations, je les paffe fous filence, & je me contente de remarquer, que les Chinois mangent ces vers avec beaucoup d'appétit, après qu'ils en ont devidé la foie. Ils les font pouillier frais, ou ils les sèchent. un *Catti* (*a*) de ces vers fechés vaut huit à neuf *Candarins* (*b*).

On prétend, que vers *Chingehiau* il y a une efpèce de vers à foye fort gros, dont on tire une foie fi épaiffe, qu'elle reffemble d'abord à du chanvre. Les habitans en font cependant une efpèce d'étoffe qui, quand elle eft neuve a l'air d'une toile crue, mais par l'ufage & par un blanchiffage répété, elle obtient du luftre, & fait un meilleur effet. Il femble que cette foie ne fe laiffe par teindre, puis qu'on ne lui donne jamais cet apprêt. On affure qu'elle

______

(*a*) Un Catti fait une livre & un quart de nôtre poids.

(*b*) Petite monnoie Chinois.

est d'une durée incroyable. On l'appelle *Chinchiau*, de l'endroit d'où elle vient.

De la pêche.

DAns ce païs dont la côte abonde en une grande variété de poissons, le *Taho*, rivière longue & large à son embouchure, passe pour être la plus fertile en toute sorte de poissons. On seroit tenté de croire que le flux & le reflux empêcheroit la pêche, particuliérement dans les endroits escarpés & incommodes pour le filet; cependant ils prennent une grande quantité de poisson de cette manière là. Voici leur manière la plus ordinaire de pêcher : Ils mettent des longs bâtons ou palissades dans les bancs de sable éloignés du rivage, à la distance d'une toise l'un de l'autre. D'un bâton à l'autre, ils attachent des nasses teintes en noir & tricotées d'un fil fort. Cela fait que les poissons, qui vont le long du rivage, s'y prennent. Cette pêche ressemble à nos nasses que nous mettons, dans les rivieres.

Ils ont aussi une quantité de paniers, qui sont faits de serches de *Bambou* jointes à des branches d'osier. Ces paniers ont une toise & demi de longueur & ressemblent à nos nasses. Ils s'en servent, quand l'eau monte plus haut, qu'à l'ordinaire. Ils les mettent le long du rivage, mais ils laissent des ouvertures aux deux bouts du rang de paniers. C'eſt là qu'ils ſe tiennent tranquilles avec leurs ſampanes ou barques, afin que le poiſſon, qui cherche le rivage, puiſſe y entrer librement. D'abord qu'il y a paſſé, il trouve un rang de paniers de *Bambou*, qui ſont diſpoſés à la traverſe vers le rivage, & qui lui défendent la ſortie. Dès que l'eau commence à s'écouler, ils ferment l'eſpace qu'ils avoient laiſſé ouvert, avec de pareils paniers. Quand l'eau s'eſt entièrement écoulée, ils entrent en dedans de l'enceinte pour ramaſſer les poiſſons. Ils ſe ſervent auſſi d'un filet flottant attaché entre deux barques avec lequel ils ſe promenent pendant le flux, & prennent les troupes de poiſſons qu'ils rencontrent.

Ils ſe ſervent également d'un grand filet, attaché entre deux bâtons de *Bambou*, avec lequel ils pêchent, auſſi bien dans leurs voyages par mer qu'au milieu de la riviere.

Ils attachent des vers & des crabes aux hameçons, dont ils prennent des anguilles & d'autres petits poiſſons. Ils ſe ſervent auſſi d'une eſpèce de *Sampanes*, qui ſont longues & baſſes & qui ont des planches teintes en blanc aux côtés. Ils entretiennent un petit feu dans ces ſampanes pendant la nuit. Les poiſſons que la lueur du feu attire, ſautent dans la Sampane. Ces Sampanes ſont proprement conſtruites pour une eſpèce de poiſ-ſons qu'ils appellent *Mulettes*.

Ils pêchent beaucoup avec le filet & l'ha-
mecon entre les brisans & sur le rivage,
& prennent quantité de poissons, qu'ils sa-
lent ou qu'ils sèchent pour les vendre dans
les villes & villages voisins.

Parmi la grande variété de poissons, il y
en a qui ressemblent à des poissons connus
chés nous, comme les carpes, les per-
ches &c.; mais je ne puis pas dire si ce
sont les mêmes espéces. Ceux que je con-
nois avec certitude, sont les anguilles, les
crabes, les civades, les huitres, les moules
& les homards. De ces derniers on en prend
de très grands dans les écueils près de Ma-
cao. Ils brulent les coquilles pour en faire
de la chaux & ils se servent des plus larges, pour en couvrir leurs maisons au lieu
de tuiles.